Wildtiere in der Stadt

Igel

Isabel Thomas

Verlag an der ESTE

Sonderausgabe für den Verlag an der ESTE GmbH, Buxtehude **2016**

ISBN 978-3-86865-304-5

Deutsche Ausgabe: © 2016 Ars Scribendi Verlag, Etten-Leur, Niederlande
Übersetzung: Ann-Catrin Windler, BVK Buch Verlag Kempen GmbH
Redaktion: Gerard van de Garde
DTP deutsche Ausgabe: Freek Kuijstermans

Originaltitel: Hedgehog, City Safari © 2014 Capstone Global Library Ltd.
Produktion Capstone Global Library: Dan Nunn, Rebecca Rissman, Helen Cox Cannons, Tim Bond, Mica Brancic und Helen McCreath
Gedruckt in China

Bildnachweis
Der Herausgeber dankt den folgenden Personen und Organisationen für die Erlaubnis, ihr Material in dieser Publikation zu verwenden und zu reproduzieren: © Alamy: 10 Les Stocker, 14 blickwinkel/Hecker; © FLPA: 4 Minden Pictures/Konrad Wothe, 6 Paul Hobson, 7 Imagebroker/Kurt Kracher, 8 Foto Natura Stock, 11 und 23 Minden Pictures/Ingo Arndt, 12 Foto Natura Stock, 13 Paul Hobson, 15 Roger Tidman, 19 Paul Hobson; © Getty Images: 9 Rahmen BSIP/UIG; © Naturepl.com: 9 David Tipling, 15 Chris O'Reilly, 17 Dave Bevan Photography, 18 David Heuclin, 20-21 und 23 Jane Burton; © Shutterstock: Vorderseitenbild PRILL, Hintergrundbild LilKar, 5 und 23 CreativeNature.nl, 16 und Rückseitenbild Lena Lir, 23 (gif) Kasia Bialasiewicz, 23 Mitte Philipp1983.

Autorin: *Isabel Thomas* hat mehr als 50 Kinder- und Jugendbücher geschrieben.

Fachberatung: *Michael Bright* weiß viel über Tiere. In der ganzen Welt dreht er Naturfilme für das britische Fernsehen.

Achtung!

Fasse niemals wilde Tiere oder deren Zuhause an. Manche Tiere haben Krankheiten. Ängstliche Tiere könnten dich beißen oder kratzen. Wenn du einen kranken Igel findest, gib einem Erwachsenen Bescheid. Tipps, wie du einem verletzten Igel helfen kannst, findest du auf der vorgeschlagenen Internetseite auf Seite 24.

Zum Entdecker-Symbol:

Deine Augen, Ohren und deine Nase können dir verraten, ob ein Igel in der Nähe ist. Halte beim Lesen nach diesem Symbol Ausschau und sieh dir Seite 22 an!

Inhalt

Manche Wörter sind **fett gedruckt**.
Im Bilder-Lexikon findest du heraus, was sie bedeuten.

Wer stiehlt da das Tierfutter?

Ein runder, stacheliger Körper. Kurze Beine. Eine spitze Schnauze. Das ist ein Igel!

Du musst nicht aufs Land fahren, um Igel zu sehen.

Viele Igel sind in Städten zu Hause.

Leben sie auch bei dir in der Nähe? Gehe auf Spurensuche in deiner Stadt!

Warum leben Igel in der Stadt?

Land-Igel leben in der Nähe von Wäldern und Hecken.

Dort finden sie Nahrung, Wasser und Schutz.

Igel finden aber auch in der Stadt alles, was sie zum Leben brauchen.

In Gärten, Friedhöfen und Parks gibt es viel zu fressen und gute Verstecke.

Wie leben Igel in der Stadt?

Igel können gut in der Nähe des Menschen leben, weil sie klein und unauffällig sind.

Es gibt kaum Hindernisse für sie. Igel können sogar Wände erklimmen und sich durch kleine Löcher quetschen.

Ein guter **Geruchssinn** hilft Igeln dabei, ihre Nahrung zu finden.

Sie können sogar Gefahr erschnüffeln und klettern oder schwimmen, um sich in Sicherheit zu bringen.

Wo verstecken sich Igel?

Igel sind **nachtaktiv**. Das bedeutet, dass sie sich tagsüber ausruhen.

Sie verstecken sich in hohem Gras, unter Pflanzen oder zwischen Blättern und Zweigen.

Jeder Igel hat viele verschiedene Verstecke.

Im Winter bauen sich Igel ein extra sicheres und warmes Nest, in dem sie ihren **Winterschlaf** halten.

Was fressen Igel?

Die meiste Zeit des Jahres kommen Igel jede Nacht aus ihrem Versteck, um nach Nahrung zu suchen.

Sie fangen Regenwürmer, Käfer und Raupen.

Igel fressen auch Schnecken, aber vorher versuchen sie, den Schleim abzuwischen.

Vogeleier und tote Tiere sind besondere Leckerbissen.

Warum leben Igel gern beim Menschen?

Stadt-Igel müssen nicht weit laufen, um an Nahrung oder Wasser zu gelangen.

In vielen Gärten finden sie Vogelfutter oder Essensreste der Menschen.

Einige Leute stellen den Igeln sogar Wasser und spezielle Nahrung hin.

Anhand kleiner, fingerförmiger Kot-Stückchen kannst du erkennen, dass ein Igel zu Besuch gewesen ist.

Welche Gefahren lauern für Igel in der Stadt?

Wenn ein Igel Angst hat, rollt er sich zu einer Kugel zusammen.

Seine spitzen Stacheln können einen Fuchs oder Dachs davon abhalten, ihn zu fressen.

Leider können die Stacheln eines Igels ihn nicht vor allen Gefahren in der Stadt schützen.

Jedes Jahr werden viele Tausend Igel von Autos überfahren.

Wie können die Menschen Igeln helfen?

Lasse keinen Müll liegen! Igel können sich in leeren Flaschen oder Verpackungen verfangen.

Erwachsene sollten nach Igeln Ausschau halten, bevor sie den Rasen mähen oder ihr Holz aus dem Garten verbrennen.

Gärtner sollten **Pestizide** vermeiden, die für Igel giftig sein können.

Manche Menschen bauen Nisthilfen, in denen Igel ihren Winterschlaf halten können.

Leben Igel immer allein?

Die meiste Zeit des Jahres sind Igel allein unterwegs.

Im Frühling treffen sich die Männchen und die Weibchen und **paaren sich**.

Einen Monat später bekommt das Igel-Weibchen bis zu sieben Junge.

Sie kümmert sich um sie, bis sie alt genug sind, um alleine in der Stadt zu leben.

Tipps zur Igel-Suche

Achte auf Spuren, Geräusche oder Gerüche. Suche auch die Ferngläser im Buch. Mit all diesen Tipps kannst du auf Igel-Suche gehen.

1. Igel hinterlassen kleine Fußabdrücke. Sie haben fünf Zehen.

2. Sommernester können schwer zu erkennen sein. Sie sehen aus wie kleine Haufen aus Stöcken und Blättern.

3. Igel machen laute, knuspernde Geräusche, wenn sie Käfer fressen. Wenn sie Würmer oder Schnecken fressen, schlürfen sie laut. Du kannst sie auch hören, wenn sie sich bewegen.

4. Suche nach kleinen Kot-Stückchen auf dem Rasen. Manchmal glitzert der Kot in der Sonne. Das kommt von den Panzerresten der Käfer, die ausgeschieden werden.

Bilder-Lexikon

Geruchssinn
benötigen Tiere, um Gefahren oder Nahrung zu erschnuppern

nachtaktiv
Tiere, die hauptsächlich nachts wach sind

sich paaren
wenn ein Männchen und ein Weibchen zusammen Junge bekommen

Pestizid
Gift, das Schädlinge wie Ratten oder Schnecken tötet

Winterschlaf
den Winter in einem tiefen Schlaf verbringen

Erfahre noch mehr

Bücher

Igel im Garten: Helfen, Pflegen, Beobachten (Mein Garten), Monika Neumeier (Franckh-Kosmos Verlag, 2014)

Ein Igeljahr, Heiderose und Andreas Fischer-Nagel (Fischer-Nagel, 2011)

Internetseiten

http://ogy.de/igel-schutz
Lerne, wie du Igel am besten schützen kannst.

http://www.pro-igel.de
Diese Seite widmet sich ganz dem Thema Igel und beantwortet alle wichtigen Fragen.

Index